ROMEON
VERLAG

Brutal Weiß
1. Auflage, erschienen 01-2042

Umschlaggestaltung: ROMEON Verlag
Text: Joana Geier
Layout: Romeon Verlag

www.romeon-verlag.de

Bibliografische Information der Deutschen Nationalbibliothek:
Die Deutsche Nationalbibliothek verzeichnet diese Publikation in der Deutschen Nationalbibliografie; detaillierte bibliografische Daten sind im Internet über *https://portal.dnb.de* abrufbar.

Joana Geier

Brutal Weiß

*

Gedichtband

Inhalt

Kapitel III

Kapitel I
Versteckter Optimismus

Die Tänzerin

Schüchtern, die Tänzerin
entleert sich von Grün
unter den Sternen.

Ihr Kreuz ist dem Feuer unterworfen.

Der Mann wischt ihr den Klang von den Sohlen,
setzt ihre Augen
und das Morgengrauen
in Enigma der Weltraumleere.

***

Zeitloser Flamenco-Schritt

Dein Brustbein hat meine letzte Violine
aus der Equinox verdreht.

Ich höre das Knirschen der Epidermis
auf dem Wasser des inneren Spiegels,

aber der Gong bricht immer noch algebraisch
auf Egos.

Zeitloser Flamenco-Schritt!
***

Tanz im Violinenstaub

Die Chrysanthemen haben heute nichts zu bieten.
Der Himmel hinterlässt einen trockenen Klang von Blau,
in dem die Geometrie der Gedanken zählt.

Du berührst mich immer noch
nur durch in den Gin geschnittene Löcher.
Zärtlicher, obszöner Tanz
im Staub derselben fernen Violine.
***

Jasmin-Ufer

Dieser Zustand, der nach Regen riecht,
der von deinen Schultern fällt,
dehnt mich aus von einer Sekunde
zur nächsten.

So durchquere ich die Nacht
und komme in die Nähe des Jasmin-Ufers.
Ich trage alles auf meinem Gesicht,
was dich in die Knie zwingen kann.
Dann öffne ich die Tür weit.

***

Wolkengebissene Chrysantheme

Der Florist schien aus einem Tresor gezogen zu haben,
eine Chrysantheme,
nass-fröhlich und wolkengebissen

Mit ihr bauten wir perfekte Schattenspiele
auf dem grauen Bahnsteig ...

Und über deine Schulter,
der Zug nach Hause
machte sich immer unsichtbar.

***

Amour Vintage

Du versteckst Horsts Schenkel weiter in deiner Seele,
der Körper, brennend auf der Achse des Glücks, dem Jasmin,
freigegeben, um ...
Die Sonne geht schwindlig auf, um zu halten
Knospen und sogar
das Blut, das dir heimtückisch ins Gesicht spritzt.

Und deine Sohle fühlt sich schwer an,
der Park, durch den du gehst, der Ort, an dem
Schmetterlinge und Straßenmenschen schlafen,
in seit Jahrzehnten unveränderten Hemden.
***

Mariage

Das Schicksal hat dir bestimmt,
mein Pfau zu sein,
der Nachbar von unten oder von oben
wo die Zwillingsschmetterlinge ihren Schatten
verbrennen,
in der gewölbten Lampe.

Verhungern der Seele
oder Sonnenschein, manchmal,
die Ehe.
***

Tanz am Kragen des Tigers

Der Himmel ist so blau,
dass das Extrem des Ganzen
der Erkenntnis widerstehen wird.

Das Licht, identisch genug
mit deinen Augen
wenn ich den vielfarbigen Tanz beginne,
auf deinen Tiger-Adern,

damit das menschliche Leben
wirklich nicht mehr weh tut
von zu vielen Durchgängen
durch das gebrochene Grün.
***

Denken auf der Welle

Möwen vermehren Untaten.
Unter ihren Schatten,
der Matrose schüttelt wahrscheinlich seine
Kleidung, die vom absoluten Meeresrauschen durchtränkt
ist,
und singt,
schreibt Gedichte, die er allein ins Leere trägt,
mit Kommunionblut ...

Du bist mitten in der Nacht
mit dem Sterblichen in deiner Nähe,
schiebst seine müden Beine beiseite,
damit sie sich nicht irgendwie fühlen.
Die Synergie, die dich hält, lebendes Tier im Rennen ...

Im Morgengrauen wirst du das Haus von Erotik fegen,
mit den Wangen einer Frau, mit einfachen Bedeutungen.
Du wirst etwas von Harald Glööckler tapezieren.
***

Mokka-Pferde

Ich lasse mein Symbol untergehen,
und trete in die Biografie der Kobra.

Dass du mich liebst,
spüren sogar die Mokka-Pferde,
wenn sie auf den Rapsblüten liegen,
um von uns zu träumen.
***

Welten mit van Gogh

Es ist Nacht und wieder berühren wir uns hastig,
um das Rad des Lebens zu drehen.

Wie dem auch sei,
bei dir kann ich der Dunkelheit nicht müde werden,

denn im Sommer weiß man,
wie man immer ein paar Sonnenblumenstränge hat,
mit Tiefen zu van Gogh,
und du denkst nach,
wie man mich mit ihnen und der Dämmerung in
Einklang brächte,
in einer realistischen Pose.
***

Gebrochenes Weiß

Der Mond steht tief, ist wie der Sattel
auf dem blauen Fohlen.

Du bist von meiner Berührung gebrochen weiß.

Komm und nimm mich!
Schmetterlinge schlagen mit ihren Köpfen
gegen die Wände.
***

Es ist blau geworden, jenseits der Geige

Es ist blau geworden, jenseits der Geige.
Ich lege die Stille meiner vorurteilslosen Handflächen
auf deine unwägbaren Schultern,
und das Echo, mit Geduld im Blut
von der Enge des Gongs,
durch die renne ich,
um dich zu definieren.
***

Echo der Saison mit Fliedern am Rand

Angst verewigt den Himmel.
Und ich kann dich verlieren, Echo,
aus einer Jahreszeit, mit Fliedern am Rand!
Milchstraße ...
Gedanken, die von den Felsen des Schlafes
in Träumen fallen.
Wo ich unbeholfen zerstreue,
in der Melancholie des Mondes, zwischen
den Fjorden eines fernen Lächelns.
***

Zart wie ein Tiger

Zart wie ein Tiger
in der Einfachheit des grünen Himmels ...

Blutend falle ich
in meiner eigenen Träne
und er sieht mich nicht.

Nein, plane keine Penetration
in der Matrix der Vorahnungen
für mich ein!
Noch nicht!
Um ihn noch viel mehr verschulden zu können.
***

Wilde Jungfrau

Ich bin eine wilde Jungfrau
auf die Spur eines scheinbar blinden Mannes geworfen.
Weil seine Absätze ihn nirgendwo hinbringen,
klingen wie eine letzte Uhr,
die Nacht wird ungewiss
auf allen Seiten der Laterne, die bemerkt
das Gebrüll der Monologe des Herzens.

Sowieso, niemand sieht,
nein, niemand hört ...
Hast du das richtige Augenpaar
für eine neue Liebe?
***

Das Parfüm einer anderen Frau

In der städtischen Nacht, wenn die Lilien
stark an den Rudern ziehen
auf dem Wasser der Wolken
und auf deinen Balken,
das Parfüm einer anderen Frau spielt einen Streich
zärtlich-traurig bleibe ich, um zuzusehen
in den Tiefen der Uhr
ein Flamenco-Schritt
in der kaputten Arche
von der alten, imaginären Umarmung.

***

König heute nicht

Über der Seele, die Zuflucht sucht,
der Schnee kehrt zurück, makellos, rostfrei.

Die Sonne geht langsam
unter die Schmetterlinge des Himmels.

Bin abstrakt,
ich kann dich nicht einmal erschaffen
heute, König über meine Siedlung,

denn ohnehin wärst du nicht in der Lage,
den Palast meiner Träume zu errichten
auf irgendeinem Felsen.

***

Was für eine Zeit!

Ich war jung genug,
um einen Streitwagen durch den Monsun zu ziehen,
ich hatte ein grünes Kleid
und ein Mann, der mich hatte,
von meinen kurzen lila Haaren angefangen.

Bis ins Herz
hatte er Zeit zu sterben.
***

Zwischen Körper und Vernunft

Zwischen Körper und Vernunft trittst du immer
mit einem flachen Kissen ein.
Auf dem du deine Schultern schleifst, dann fragst du,
ob ich mein Gleichgewicht gefunden habe.

Das Ziel ist es, zu vergessen, wie ich heute eine Frau sein
könnte
rötlich oder fast trocken in Hunedoara
interessiert an Prognosen für Justiz, Regierung,
Korruption,
die Obergrenze jeder gebrochenen Jahreszeit
oder abgeflachte Schmetterlingsbeine
in den Krisen der Reife.
***

Es war die Zeit der Löwen

Es war die Zeit der Löwen ...
Meine Brüste kamen aus dem Schloss heraus,
um zu stillen,
die Liebkosung, die den Kreis passiert hatte, hatte sich gekrümmt,
hatte Verkörperung.

Der Weg zog die letzten Steine an.

Dein Körper, nach dem ich so sehr geweint habe,
er wurde dann zu einer grünen Metapher,
in dem man Kirschen, Göttinnen und Spatzen tragen kann ...

Ich hatte kein Entrinnen,
bin bei der Taufe einer anderen Religion gestorben,
als ich zu dir geschrien habe.

***

Bereit

Nur der Schneemann blieb von urkomischen Trojanern
umzingelt.

Wir haben die Schaufeln verstaut
und ziehen uns Eiszapfen von der Zunge,
um über die Impfungen, Trump, Kriege zu sprechen,
oder über Erektionen.

Warum nicht über die Leguane zwischen den Palmen?
Der einladende Sand und die Welle,
für die du meinen Schlaf in jeder Dunkelheit erschütterst,
besonders, wenn es schneit.
***

Versteckter Optimismus

Optimismus kann sich überall verstecken
oben, unten, rechts, links
unter Sekunde, unter Stein, unter Flug.
Nur die Neuronen in der Tiefe sehen parallel,
selbst durch die kleinen Dinge.

Für eine tiefere Selbsterkenntnis
brauchten wir diese beiden Ruder,
das Boot und das Delta mit all seinem nassen Licht,
in dem wir darauf warten,
dass etwas Bezauberndes springt
aus dem Schnabel des psychopathischen Pelikans.
***

Es gibt keine Zeit

Wir zwei, gleiche Versammlung
was die Mauern stärkt
tanzend durch die offene Tür
auf dem Lichtstrahl
langsam
immer langsamer.

Eines Tages werden wir zitternd aufwachen,
in der weltlichen Natur.
Die Nacht wird dein Hemd in Staub verwandeln,
auf Erlenzweigen
die chaotische Hochzeit
mit Libellen und Hummeln,
im Flug konkurrierend.

Du, wie ein Torbogen,
meine Sohlen im weichen Schlamm
und die Nachlässigkeit des Ganzen
gestaffelt,
durch den Glanz des Wassers.
***

Die verlassene Frau

Die verlassene Frau
bereitet immer eine Träne für das Herz eines anderen Mannes.

Es ist Frühling
die Pfingstrosen blühen.
Warum sollte ich Angst haben, zu weinen?
***

Zärtlichkeit

Das halbe Kleid,
das keinen Platz zum Tanzen hat
sitzt in deinen Armen.
***

Dächer aus Onyx

Ich habe in mir verborgen gehalten
in einem gelben Kleid, die Tänzerin.

Oh, Dächer aus Onyx,
im Saphir mit konzentrischen Brisen
da ist Tel Aviv!

Ich zucke aus Stille
wild schreiend,
in neuem Blau
versuche ich eine Drehung.

In deinem Haus,
du ziehst meine imperfekten Sohlen an.

Wir werden unsere Lichter hören,
die Entfernungen, die Religionen,
was uns als Ganzes ausmacht.

Was in meinem Körper bleiben wird,
durch die Seele,
von einer Berührung mit einem Geschmack von dir,
ich weiß es nicht.

Ich würde sowieso kratzen, der Gong, tanzen,
um meine Spuren zu hinterlassen
von Möwen geschoben
als letztes Privileg
mir gewährt.
***

Tel Aviv

Öffne deine Tore, Tel Aviv!
Ich bin die gewonnene Frau
mit einem Palmblatt,
als ich den hungrigen Körper
warf aus dem Kleid,
bis zum Horizont.

Habe keine Zeit, den Wellen der Religionen zu lauschen,
was wird an mir vorbeigehen
zur Klarstellung.

Er wird mich vor sein Herz stellen,
um mich selbst verwöhnen zu können, mit grünem
Schrei,
bis ich laufen lerne
auf der ganzen Welt,
umgeben von Orchideen.
***

Das Boot ohne Ausgang

Ich bin zu klein, um auf deine Schultern zu legen
die Augen, die ausgehen
in einem Boot ohne Ausweg.

So früh kann ich die Wurzeln meiner Seele nicht
sammeln
aus einem Horizont
oder von einem anderen.
Noch die geknetete Träne niederzulegen
unter die Füße,
gehen, wie in einem Licht
auf Orchideen gewachsen.

Der Schlag des Gongs weiß es nicht,
um mich zu verteidigen
gegen Entlaubung,
oder die Ufer der geworfenen Geige
in einer schattenhaften Hand.

Ah! Aber wie sehr vermisse ich
den Duft von Datteln,
der mir noch nicht geschenkt wurde!

Feindselig ist Blau, mit Blau verwandt!

Du hättest dich in diesem Moment nicht zeigen sollen.
Da ich nur Traurigkeit im Haus behalte.
***

Schlaf der Dattelpalme

Du bist so weit gekommen,
nach dem Schlaf der Dattelpalme
unerhört
voller Durst ...
... mit Händen von innen
wirst du meine Brillanz prüfen.
***

Das Blau zwischen den Olivenbäumen

Der Morgen der Frau gerann nicht aus der Höhe.
Der Adel liegt in den herabsteigenden blinden Sohlen
unter dem Blau zwischen den Olivenbäumen
dich zu suchen.

Nein, auch nicht die Stille auf den weißen Narzissen,
sitzt nicht gerade!

Warum solltest du über das Entfernen von Gedanken
sprechen,
wenn die Meere der Welt sich
noch nicht vom letzten Schiff getrennt haben?
***

Roher Sand

Meine Seele schmerzt neben dem rohen Sand ...
Die Beugung zu den Wunden,
der Gong, der meiner Komposition folgt
ohne Klang der Leidenschaft.

Versteckt, selbst du kennst nicht
alle blühenden Zitronenbäume,
den Durst und die Qualen,
wenn ich Feuer, über deinem Namen enthülle
geheim,
walzend.
***

Gedicht aus Cerga

Der Nil wird gesammelt
auf einem Regenbogen besitzergreifender Neuronen.

Du bist viel weißer als ich
unter der oberen Epidermis,
aber ich habe nicht das richtige Wasser getrunken,
um zu öffnen
die Milch der Sande.

In welchem Licht soll ich nagen
Augen der europäischen Schlange,
um freier zu sein?
***

Verworfener Schlaf

Wenn die Viper sitzen wird
auf den Fersen anderer Dinge
werde ich über eine Truhe mit dem Geruch des Nils
sprechen
und schwarz, unerhört.

Wie ich über sie geworfen habe
meinen Schlaf und mein Wachstum,
um sie weiß zu machen.

Halbkreis verzögertes Brot
auf deutscher Musik.
***

Black-Cherry-Sleep-of-the-Nile

Afrikanische Krokodile sind zu lang
vielleicht nicht unbedingt beginnt,
ein postmodernistisches Gedicht mit gespreizten Beinen,
aber ich möchte mich vom Ring meine Schlange
abheben.

Black-Cherry-Sleep-of-the-Nile

Der unvollständige Mann erhält
das Polarkreisseil zurück,
dann werde ich die Symphonie aus Karpaten-Neuronen
freisetzen.
***

Karpfen mit ARTE

Ihre klebrigen Brustwarzen
gelangen ins Kleinhirn.

Die Frau verteilt
schwarze Kinder auf dem Bambus
absolut schwarz
sie zerhackt sofort
eine Schlange, zum Mittagessen.

Mit dem Pfeil wird sie sich,
die Luftgedanken verteidigen.

Auf dem Bauch eines Karpfens
reite ich auf dem perfekten Hai,
die Kontinente ...
Dann schneide ich in Scheiben
das verborgene Salz.

***

Der Schlangenverkäufer

In der Tiefe des Ozeans
Schlangen mit gelbem Kern
tanzen auf schwarzen Händen.

Samson wusste den Puls der Schlangen
zu hören.
Er sammelte sie aus dem Gewässer
auf seinem krumm geschnitzten Floß,
behielt die Erschöpften für die Krokodilzüchter,
die Munteren brachte er auf einen kamerunischen
Markt.

Eines Tages
öffnete er der weißen Frau sein Herz,
ließ sein Floß unten einem reifen Feigenbaum.

In einfarbigen Schlangenschuhen
ging er fort,
sie auf einem anderen Kontinent zu suchen.

Hörst du mich?
Einen Fuß wie eine Braut scheinst du noch zu haben.
Sagte mir mal Samson.
***

Lied mit afrikanischen Schlangenschuhen

Du strahlst auf die mystische Schlange
und ich schneide meinen Habicht von oben,
um die Epidermis zu legen,
die viel gerader auf mir sitzen wird.

Vielleicht das Blau, auf das wir uns beziehen,
es ist eine kugelförmige Frucht,
wir wollen beißen ...

Und
es
rutscht
weg.
***

Walzer mit Beduine

Meine Haut wusste nicht, wie sie sein sollte,
sondern nur eine aus Gras.

Du trägst den türkisfarbenen Sturm so gelassen
durch das Gebrüll der Kamele
und dein Großer Wagen
ist so viel größer.

Wisch den Augsburg von mir ab, selbst am Kreuz!
Und auf dem Rest des geflochtenen Sandes,
lass uns das Blut ausruhen.
***

Ari

Dein Vater mit den knorrigen Fingern
wird dich eines Tages anrufen, Ari,
und er wird dir wieder zeigen,
wie man einen Laib Brot bricht,
um in der Familie zu halten
den wahren orientalischen Frieden.

Aber er wird vielleicht nie erfahren,
wie du schneiden willst
meine Ikone bis auf den Knochen.

Und wie du versuchst, uns beide zu verändern,
die Bedeutungen des Blutes
auf deutschen Axiomen.
***

Kapitel II
Crushed Grün

Crushed Grün

Die Sonne wirft ihre gesprenkelten Strahlen
in der Menge der Grauen,
und du überschreitest die Schwelle
wie ein sanftes Junges der Tiere des Waldes.

Jemand oder nur die Stille
bleibt an der glänzenden Rückseite haften.
Wird sich selbst erregen, indem das Grün umstülpt,
aus dem du angefangen hast zu meditieren.
***

Ich lausche, während ich den Zedernkern betrete

Ich lausche, während ich den Zedernkern betrete,
mit beiden Augen,
um meine Lebenslinie zu legen.

Niemand schüttelt meine Träne von Sand ab.
Die Sonne hat sie halb getrunken, aber
sie hängt noch schwer.
***

Knie auf blauem Lehm

Auf meinen Knien auf dem blauen Lehm sitze ich, Herr,
immer noch an die hungrige Stimme gebunden
und an die Stiefel, in die der Schnee kroch
als gruselige Metapher.

Ich weiß nicht mehr, wie das Gras der Liebe knisterte
auf jeder Flucht.

Im Tropfen des Lebens, der an den Rändern des Herzens
zurückbleibt,
stolpere ich,
habe das Gefühl, keine echten Handflächen zu haben,
um Welten auszuprobieren.
***

Herbst mit Engel

Es ist eine andere Art von Herbst, Engel!
Mir bleibt nur noch ein gelber Echoschatten
in einem abstrakten Gemälde
auf Flurstraße.

Ich könnte ein Zitat gebrauchen,
um meinen Körper an Gedanken zu binden,
aber das Blau des Himmels liegt gefaltet
wie für den letzten Gong.

Nimm vom Fleisch der Weine
mit mir
und öffne den Horizont!
***

Umgestürzte Seele vor nackten Sohlen

Die Säule der Welt ist das Weizen-Grün.

Habe mich noch nicht bis an den Rand verteidigt,
um mich eine Frau zu nennen.

Bin nur eine umgestürzte Seele
vor meinen nackten Sohlen
auf der Suche nach dem Sämann.
Keine Rede von außen drängt mich gezielt,
weil selbst auch ich nicht verdiene,
den Versuch, mein anderes Auge zu fesseln.

Habe mich noch nicht bis an den Rand verteidigt,
um mich eine Frau zu nennen,
aber das Licht wird größer.

***

Brutaler Weiß

Zu dünn, um es unter Religionen zu halten,
der brutale Weiß
im gekrümmten Licht
von Dämmerung.

Also vergib dir selbst, Frau
mit einprägsamen Formen!
Du, der die erschöpfte Trompete erreichte,
zum Kämpfen.

Vielleicht bis auf die Knochen entblößt,
es ist dir gegeben, dich aufzurichten
auf dich zu.
***

Die Sonne, unter der ich Surrealismus betreibe

Die Sonne, unter der ich Surrealismus betreibe,
ist subtraktiv.
Vergebens trete ich auf den Sand der Spiegel,
es macht mich nicht grün.

Ich habe noch ein paar parallele Linien
von einem römischen Abendessen
auf dem Regenbogen in mir,

nachdem ich die Brücken abgerissen haben werde
von denen aus ich die Füße aus Wind werfen kann,
auf dem ich laufe
durch deutsche Memoiren.

***

Geh weg!

Geh weg!
Sagt sogar der sächsische Schmetterling
aus Goethes Blau.

Mein Rücken ist rot
ohne Raum zum Vorübergehen
durch deine Augen.

Im Weizen gibt es keine Metapher,
aber einige ziehen
täglich und das Wasser aus meiner Seele.

Ich gehe vom Kreuz in das Haus
und andersherum;

versuche, die Atome eines Lichts in meinen Händen
einzufangen,
mit sicherer Schwerkraft.
***

Ich bin dein Werk

Ich bin dein Werk, o Herr, unberechtigt um feine Spuren,
denn die Gebeine der Väter begannen einfach
aus ungeschliffenem Ton.

Der Tau des Feldes verwelkte ihre makellosen Gesichter,
aber diese Sache hängt nicht schwer an mir.

Im Raum der Erlösung werde ich auch einen
einfachen Geruch haben,
mit deinen Händen
auf den Kerzen.
***

Den Himmel hören

Saphire aus neuen Tiefen löschen unsere Vernunft aus.

Wir werden nach und nach Teil anderer imaginärer
Verbrennungen.
Dem Mondkörper wird gegeben
die Aura einer zum Geist erhobenen Seele,
obwohl wir in Wirklichkeit kontinuierlich modellieren
Bilder von Engelsflammen in der Leere.

Aber vielleicht hören wir eines Tages unseren Himmel.
Wir werden die Entfernung des einzelnen Atemzugs
verstehen,
von der Sphärizität, in der wir waren.
***

Undicht
philosophischer Text

Wenn der Samen noch schwimmt
es ist gut,
aber vielleicht für meinen bereits verbitterten Körper
der Baum der Ruhe
es hat Gestalt.
Die Männer, die überwunden haben
den Schlaf des Apfelbaums,
werden Dampf fangen
auf Weiß
auf Schwarz.
***

Kathmandu

Heute habe ich genug Zeit, den Regen zu lauschen,
die in Kathmandu fallen.

Melancholisch und verwirrt,
versuche zu lernen
vom anmutig aussehenden Affen,
dass das Leben Bewegung ist.

Meine eigene Natur und gesammelte Erfahrung
rundet seinen Charakter ab
als die initiierende Kraft,
um mich in eine andere Ära zu katapultieren.
Mich,
das absolute Wesen.
***

Inneres Gedicht

Jede Jahreszeit kommt auf uns zu, mit einem Aussterben
...
Wir verstehen es jedenfalls,
aus dem Seufzer des Abends
über der weißen Birke,
oder aus dem Kormoran, der weder Gewalt noch Ehre
mehr in sich trägt.

Wichtig ist in jeder Umsetzung, einen Sinn zu finden,
um die Ewigkeit nicht zu unterbrechen.
***

Gedicht wie ich es will

Die Sonne schlägt immer noch Wurzeln am Himmel.
Der Rand des Tages ist nicht perfekt.
Er knackt genetische Codes,
und die Menschen,
sie lassen sich selbst in Ruhe.

Um mich zu verankern,
renne ich auf die Seele einer vertrauensvollen Eiche zu,
ihn veranlassend, aus der Mitte des Steins fliehend;
dann ermutigen wir uns wirklich,
durch die zähe Arbeit
eines Vogels mit langem Triller.
***

Ich bin durch die Augen von Borges aufgewacht

Ich bin durch die Augen von Borges aufgewacht,
durchquerend die Welt,
nur das Blut der Realität spürend.

Aus derselben Membran tranken wir das Wort Himmel,
aber er wusste es nicht mehr,
was ein Blau ist, von außen gesehen.
***

Ohne Katharsis

Undurchdringliche Dämmerung durch Katharsis.
Der Schatten vernichtet einen anderen Schatten.
Die Dichter stehen,
mit halboffenen Augen, voller Schuld,
auf der Klitoris der Ewigkeit.

In meinem Haus mit gigantischem Weiß
werde ich ein kleines, fehlerhaftes Wesen,
ohne jegliche göttliche Gnade.

***

Gedanken zur Schaufel

Es schneit ununterbrochen.
Starke Dichter
berühren die Schenkel frivoler Frauen,
sofort oder nach vorgegebenen Plänen.
Dann gehen sie auf das weiße Feld,
um riesige Gedichte zu platzieren.

In meinen unruhigen Reichen
kann ich nur den Mond ohne Horn schließen
und ihn schütteln,
bis er mir die Idee für ein trauriges, kurzes Gedicht
bringt.
***

Feiertagsbrief von Redakteur Jörg

Wir sind ihm alle lieb und gut,
aber vor allem
das Baby, das seine ersten Schritte schaukelt,
nach ihm,
es ist die Antwort des Universums auf seinen eigenen Zweck.

Wir werden also nicht damit rechnen, dass Redakteur Jörg am Leben bleibt
für unsere Gedichte,
mehr, als die Natur ihm erlaubt.

Wir werden nichts auf dieser Welt retten,
wenn nur unsere Adern unter dem Muster liegen.

Nutzen wir sie auch zum Fortbestehen der Nation,
denn das ist
das wahre Meisterwerk des Menschen.

***

Nur Stille nein

Der Tag schien mir
aus einem anderen Leben zu kommen.

Ich habe dich nicht und keine Fähigkeiten,
andere Menschen an mein Herz zu ziehen.

Und so bleibt es mir überlassen,
die bösartige Sonne grausam anzugreifen,
um mir mindestens ein verfluchtes Gedicht
in Ketten zu geben.

***

Veränderung

Die Sonne stand vor der Rede
bereits in vielen Gedanken
und heute.

Ich bin eingeweiht und nehme Veränderungen vor,
um seine Verschwendungen nicht abzulehnen.

Und ich gehe,
höre meinen eigenen Klang,
wenn der Himmel
zerdrückt die Rückseite des Wassers in mir
und gibt etwas Reines hinein.
***

Kaki

Heute schreibe ich über Kaki
wie der Detektiv IPD, der meine Beduinen-DNA,
Schnee und Leguane begehrte,
sich intensiv mit Kaki beschäftigte.

In der rumänischen Literatur wird es endlich
zwei Gedichte über Kaki geben.

Diese Frucht wie der Busen einer stürmischen Frau,
die erweitert die Pupillen der Männer von A bis Z.
***

Fere nihil

Als sie einen Felinafuß hatte, schrumpfte sie alles,
um ihr Reich zu ordnen.

Nachts holte sie unmerklich Männer direkt aus der Luft
herunter.
Setzte ihnen Glasköpfe auf, um heimlich sie
mit ihrem weißen Kleid zu testen.

Da sie aber nicht einmal im Traum zusammenpassten,
warf sie ihnen andere Frauen in die Arme,
damit sie mit der Zeit rund werden,
top degradiert oder recycelbar.
***

Sonniger Albtraum

Die Sonne zeigt ihre rebellische Rundheit.
Und wenn du ihm folgst,
spürst du ihn als Gleichgewichtspunkt,
zur Beruhigung deiner dunklen Konturen.

Auf den Straßen fangen Menschen an,
Liebe oder Öl zu tragen ...

Dann bekommt alles einen Sinn,
Leben und Tod durchstreifen dich,
ohne zu beißen.
***

Lila Knospe

Alles wird vom Licht getroffen.
Man kann sogar das Hologramm an der Kanalmündung,
in der Mitte des Hofes sehen,
die Schlange des Hauses.

In der schlanken Kirche in der Donauwörther Straße
die Existenz der Gegenwart wird bestätigt.

Und plötzlich,
dein Auge verlängert die lila Knospe,
lass Blumen in dein Leben kommen.
***

Leer grün

In deiner Wildheit als weise Frau
siedelt sich das leere Grün an,
erwärmt dein Blut und in Eile,
die Strophe entgleitet dem phosphoreszierenden Skelett,
spaltet Heulen und Eros
in einer Ecke voll von Illusionen.
***

Gerollter Löwenzahn

Ohne Gebrüll sprießen Knospen aus dem Saft der
Zweige,
die Schmetterlinge fliegen weg oder der Löwenzahn rollt,
und schütteln das ganze Universum.

Aber du hältst dein inneres Licht nicht zu nah,
um auch deinen Weg zu sehen.

Die Sonne belastet dein Gesicht nicht mit Gedanken
und es kommt nie der Moment, in dem du die Kraft hast,
dich auf die Knie zu drehen,
um dein wahres Selbst zu zeigen,

dann, mit offenen Augen,
der Welt anders entgegenzuwachsen.
***

Vorläufiges Gleichgewicht

Veränderte Zeitventrikel.
Ein zitternder Schmetterling und du,
für den anderen Wanderer,
zarte Ekstase am Ende so viele
kniende Träume.

Die Knochen des Tages dringen bereits in den Lehm ein.
Du setzt dich in die anstehende Dämmerung,
schmeckend den Klang des Feldes
auf dem Weg zu einem vorläufigen Gleichgewicht.
***

Abwesenheiten und der Mond

Die Abwesenheiten
lassen verstummen oder erklingen
die Ziegel in den Wänden.
Je nachdem, wie du aufstehst,
und schlägst dich ins Innere,
entweder zu brechen
oder um Flügel zu fangen,
die Nacht irgendwie zu beenden,
mit ihrer undefinierten Größe.

Der Halbmond riecht schon nach deinem nassen Engel.
Steigt herab, kehrt durch die Seele zurück.
Dann gerät er in seinem eigenen Leben durcheinander.
***

Obdachlosen-Gedicht

Jeder lernt, aus sich herauszukommen
und dem Wetter entgegenzuwirken.
Einige, in der Mitte,
andere, am Rande der Stadt.
Sie schlafen in den Rippen mit jeweils einem lahmen Hund,
um die schmerzhafte Wunde zu wärmen.

Paradoxerweise, frei von Blutsbande, in deren traurigem Selbst,
niemand kommt mit einem Wunder herab.

Für sie ist der graue Asphalt immer ihr Zuhause,
der lahme Hund
absolute Göttlichkeit.

***

Gedanken zur Ampel

Sogar das Universum war ein winziger Taucher
in einem warmen Inneren …

Am Himmel setzt die Sonne wieder ihren Fuß unter.
Verschiedene Babys, weiße Babys,
strecken sich freudig im Mutterleib aus.

Egal, wie vertikal versuche ich,
meinen Geist zu behalten,
wird mein Gang, irgendwann, desorientiert sein,
ebenso das hochmütige Lächeln.

Einige werden wachsen, sie werden unwissend fliegen.

Andere werden natürlich das Gefühl haben,
dass die Luft zu aufgeladen und zu ungesund ist,
wenn sie die Energieleere in meinem Gesicht sehen ...

Und dann werde ich wahrscheinlich anfangen,
meine Morgendämmerung zu verabscheuen.
Oder ich stärke meine Selbstverteidigung
mit den Witzbolden der Dunkelheit.

***

Die Frau in der Schlangenkathedrale

Sie schläft in der Höhle des Schlangennestes
wie in einem Palast.
Ihr Baby, Amethyst,
zusammengerollt auf dem Bambus.
Für ihn
wird sie beim Schärfen des Bogens taub werden
immer auf Afrika,
ohne die Sonnenader bis zum Maximum zu verdrehen,
auf der Suche nach sich selbst.
***

Durst

Augen voller Sand öffnen sich
vom Duft des Wassers, das zwischen den Krokodilen geschöpft wurde.

Samson ist da,
akzeptiert die Kreuzigung auf dem zusammengerollten Krokodil
während die Ebenholzhände die Amphoren mit Leben füllen.

Solche elastischen Frauen,
so undurchsichtig,
und der Bissklang.

Metaphern der Wüste derjenigen, die
die Wendung mit der Zeit erkennen werden.

Sie werden morgen weiter zum Fluss laufen,
Schnur aus langen blumigen Knochen
als ob sie dazu bestimmt wären, vor existenziellem Durst zu brüllen
auf dem Schatten des Krokodils.

***

Der Weltbildschirm hat sich komprimiert

Ich sitze auf der metaphysischen Traurigkeit eines
Jazzsängers,
aus dem Schädel vertrieben.

Irgendwo erkennt ein Prophet das Wirkliche
... die Sternengrube
und das klare Zephyr-Salz,
zwischen den arrhythmischen Buntglasfenstern
in der melodischen Linie
des Unterbewusstseins.
***

Geheimes Gedicht

Asymmetrisch und verfrüht
schreit durch die Arterien der fragilen Welt
der Gong im Schiffswrackbereich.

Es ist schrecklich, sich vorzustellen,
dass es trainieren kann
die Kerze aus Wachs,
um nicht endlos zu schreiben
durch Reflex
geheime Gedichte wie
für die letzte Ausgabe des Himmels.
***

Leuchtend gelber Herbstjazz

Warum braucht dieser Engel
einen leuchtend gelben, herbstlichen Jazz,
wenn ich alleine den Waffenstillstand abschließe
in der Matrix der Gedanken?

Eine geheimnisvolle Glocke durchdringt
das undurchsichtige Antlitz der Welt.
Belastet die Arrhythmien,
die aus ihren eigenen Territorien geflohenen Körper.
***

Gemessene Gräser

Ich wurde so wandernd geboren,
dass ich mich selbst an den Rand dränge.

Manchmal spüre ich eine Dürre von Blau,
manchmal habe ich Angst vor gemessenen Gräsern.

Ich schaue seltsam auf klappernde Knochen,
hinter dem Herzen,
und bete ich,
dass der Gong nicht schweigen möge.
***

Perverser Klang

Die Zellen innen und außen randalieren
im perversen Klang
des Gongs, der seine Bronze verliert,
auf Schwingungen.

Viper graviert fleischliche Explosionen
zur Musik von Mozarts Schmerz.

Brown’sche Bewegung in den Tagen des Herrn.

Im Innenspiegel
das verbleibende karpatische Auge.
***

Schilf zum Wandern

Bis zum Gott streckte ich den Rand einer Träne
und den Passanten.

Es war die Zeit, in der ich nicht wusste,
wie man Schilf zum Wandern auswählt ...

Und ich rannte, auf der Seele,
um die Rückseite der Geburt zu erreichen.
***

Leichtgläubigkeit im kastanienbraunen Zephyr

Es ist einfach nur eine Leichtgläubigkeit
im kastanienbraunen Zephyr,
vom Erdring entfernt.

Alle Männer jonglieren
am Seil der Freiheit,
weg vom Käfig.

Niemand hat geeignete Knochen hinterlassen, für ein Gedicht,
aus dem, in Ruhe,
kann man die Erdbeben der Welt nippen.

Dadaist, der Engel,
bittet um Licht
für die Deckkraft von Graffiti-Künstlern
unter der Ikone der Jungfrau.
***

Die Musik des Saint-Just-Klosters

Trauriges und sinnloses Gelb
in der Vertiefung gefalteter Hände.
Winde ruhen auf der Musik des Klosters Saint-Just,
wo ich auf Kosten der Engel reflektiere.

Eventuell ...
Eventuell werde ich mich heute nicht
an der Verbreitung
meiner eigenen Biografie beteiligen.

Ein stark modellierter Gong
bleibt immer noch in meinem Bewusstsein,
um zu schlagen.
***

Östlicher Flug der Kraniche

Ich bleibe im östlichen Flug der Kraniche
in dem Raum, in dem ich mich aufhalte
Ro-Ge-Gedanken
und Quitten mit absolutem Gelb,
im Fenster der Kindheit stecken geblieben.

Mit dem unsicheren Biss in die Brust der Mutter,
wofür ich gelitten habe,
und ich esse immer noch die Scheibe Brot
in anderen Horizonten.

Ich werde mich aus Tränen waschen
mit einigen frischen
bis ich die Perle poliere
aus absolutem Schwarz
der Einsamkeit.

***

Die Nomadin

Was für seltsame Hüte, die an den Weiden hingen!

Sie war viel barfüßiger als ich,
weil ihre Beine vollkommen schwarz waren.

Habe das bestickte Hemd, mit rot-goldenen Birnen,
von meinem Körper entfernt,
und ich legte sie in ihre Arme,
verzaubert von den bunten Schwänzen,
in denen Silbermünzen wanden sich,
tanzend.

Sie reichte mir einen angeschlagenen Krug mit
Flusswasser,
von dem sie gerade getrunken hatte,
dann die Feldblume.

Stumm stand ich im Pferdegeruch,
um die Zärtlichkeit der Augen einzufangen,
halb gewaschen;
das gestohlene Huhn, auf den Grill geworfen
und die grün-grüne Libelle.

An diesem Tag liebte ich meine Mutter weniger,
weil sie keinen langen geblümten Rock hatte,
Plattformwagen,
und dass sie keinen roten Ziegelstein hergestellt hatte.

Aber vor allem, weil sie mich vertrieben hat
vor mir selbst.

***

Jahreszeit, mit Fliedern am Rand
philosophischer Text

So einen perfekten Körper habe ich nicht mehr.
Nur ein undefinierter Blick
für besondere Treffen.

Die Erde wird sich mir zuwenden,
um zu beißen.

Jahreszeit, mit Fliedern am Rand,
ans Ende gestellt.
***

Die Nacht des Majorans

Der Majoran
hing
dünn
am Fenster ...

Mit dem weißen Kleid immer noch in ihren Armen
stopfte Mama die schwarzen Gummistiefel, ihre Mitgift,
unter das Bett,
um den Gnaden genügend Raum zu geben.

Mit Papa, manchmal waren die Tage wie ein Krümel,
manchmal so groß wie ein Wal.

Haus, Pflaumen, Äpfel, Stroh, Kühe, Schweine, Schafe,
Vögel, Mais,
Kinder, Steuern, Gabeln,
Schrecken, Frösche auf der Wiese ...

Mit porösen und verfallenen Knochen
versucht sie immer noch,
etwas zu lösen.

Kinder kommen und gehen von selbst
wie schlimme Überschwemmungen.
Sie spüren es nicht,
und sie erzählt ihnen nicht,
wie sein Licht oxidiert,

und wartet darauf,
… sie nicht einmal weiß,
was.
***

Tanka

Schwärme von Spatzen
durch Eiskristalle, zum Tor,
langsam, die Mutter;
nun plötzlich verstehe ich
meine Schritte von morgen.
***

Botschaft von einem Unbekannten

Frau,
hör auf zu schlafen nach dem Acht-Uhr-Tagebuch!

Geh hinaus!
Erfreue deine Seele!

Damit du verstehst das Vergehen der Zeit,
es schlägt so oft die Glocke,
im Turm nebenan.
***

Erhabenheit und Spott

Ich habe das Gefühl eines gefangenen Kleinhirns
auf Booten, die aus dem mythologischen Norden
kommen.

Erhabenheit und Spott!

Der vom Rationalismus befallene Gong
bewegt die Bereiche der Menschheit,
die Adern der Erde spannen sich
in euphorischer Bewegung.

Aphonisches Blau über dem Salamander.

Unmoralisch der Schatten des Löwenzahns,
aber viel unmoralischer bleibt
mein eigener modriger Schatten
auf der Bronzefackel des Brown'schen Tages.

***

Das Bedürfnis nach dir

Halbdunkler Schnee.
Aus dem Klavier oben strömt etwas Bach,
gerade genug, um dein Herz nicht einzufrieren
zu den eckigen Gedanken.

Du bist innerlich geschrumpft
von den Abwesenheiten anderer
oder aus Anwesenheit,
du hast dich sogar unmerklich gemacht.
Und es ist nicht erkennbar,
zu früh, dieses Geräusch
des heilenden Erwachens.

***

Welchen Mann wählst du?

Ein unreifer Mann bringt Psalmen aus einer Frau,
er zerquetscht alle und gibt sie zurück,
um sie zu zähmen.

Der Starke streckt die Arme aus,
um sie an sich zu binden, und zieht sie aus der
Dunkelheit.

Er baut schnell Mauern auf,
macht ihren Körper heilig und verbeugt sich vor ihm,
mit all den Lichtern.
***

Es schneit nicht

Das Leben verdunkelt uns,
und wir haben noch mehr Karotten in unserer Vorratskammer
und in Aufhängern gebrauchte Schals und Besen.

Der Winter liegt vergebens auf dem Meridian,
es schneit nicht,
damit wir in der Ausschweifung weiße Flocken sammeln können,
um aus ihnen zu bilden, an der Schwelle der Häuser,
lächelnde Menschen mit kühler Haut.

Dann werden wir nach ihren Herzen suchen,
um uns zu wärmen
gelegentlich.

***

Glückliche Vögel für meinen Schwiegervater

Keine Panzerketten haben ihn im Zweiten Weltkrieg
tödlich berührt,
keine Kugeln,
Ruhe in Frieden.
Amen.

Er wird fröhliche Vögel haben,
immer Vögel,
die zwischen den Kugeln des neuen Weihnachtsbaums
auftauchen
und verschwinden, heiß-unheimlich.

Und du wirst von ihm träumen,
wie er mit seinen Händen die Knöchel junger Witwen
ergreift
und Maß für feste Schuhe nimmt,

als deine Mutter hinten in der Speisekammer
Kartoffelsprossen pflückte,
und in der Krippe erschienen
die jungen Kälber oder Fohlen.
***

Unter erotischen Schlangenschuppen

Ihr Körper hätte ihn in einer der Nächte satt gemacht
in dem Raum,
wo der freie Vogel, diskret riechend,
sich noch einmal im Spiegel betrachtete.

Genau die Gleitbewegungen von der Stirn
bis zu den Fußsohlen,
die Zickzacklinien, die Windungen,
mit diesem Gefühl der Feuchtigkeit, das das ganze Wesen
lähmt, liebt die Frau.

Deshalb lag sie auf dem Boden
und verschmolz lange Zeit mit ihm,
genug, um die Geburt des echten Adam zu vergessen.

Unter den erotischen Schlangenschuppen
schlug sein Herz nicht mehr wie am Anfang.
Der Rautenpython war in seinen eigenen Bann verstrickt,
nahm Messungen vor und suchte nach Tiefen darin,
um es endgültig zu schlucken.
Genau, auf ihr
die Frau, die ihn einst gekauft hatte,
als er gerade aus dem Ei geschlüpft war,
um X Uhr,
aus einem Aquarium
mit dem Geld aus dem orangen Sparschwein ...

In dem speziellen Auto, das ihn abholte,
begann seine hungrige Zunge,
den Metallkäfig zu spüren.
***

Hypostase

An dem Tag, als Orban schickte
die ersten Rollen Stacheldraht an die Grenzen,
duschte ich lange und trank kurz einen Kaffee.
Aus der Kommode habe ich genommen
mein schönes Vintage-Marinekleid und …
Und ich rannte los, um Rosen zu kaufen.

Auf dem Rückweg fand ich meinen Herrn,
rot wie ein Krebs
neben einem Haufen Stiefel
für den Container für humanitäre Hilfe.
***

Kapitel III
Schlafloser Schlaf

Türkisfarbener Wind

Türkisfarbener Wind im Sonnenaufgang.
Eine kokette Amsel zerreißt die Aura des alten Baums.
Es verringert sein inneres Grau und
zusammen mit ihm fange ich selbst andere Gedanken,
neues Blut, würdige Knochen.

Ich fliege durch das Licht und habe das Gefühl,
dass die Erhabenen des Universums mir Leben schicken
...

Verwirrt immer noch, hältst du die safranfarbene Decke
an deiner Brust fest.
Mit trüben Augen suchst du immer tiefer,
deine Begleiterin der Leben,
diejenige, die in den Ausgießungen des Selbst so
notwendig ist.
***

Spin-Moment

Jeder mit seinem eigenen Leben,
mit der Strategie,
seinen Kopf, diese junge oder alte Knolle,
der in der Nacht über Wunden liegt.

Ich stolperte immer über die engelhafte Dunkelheit,
warf den Dämonen Essen in die Kehle.

Heute ignoriere ich Labyrinthe mit oberflächlichen
Menschen,
die wahnsinnig zittern
vor den Mechanismen des Lebens.

Mir wachsen stolze Dornen ums Herz.
Dann renne ich den ganzen Tag,
damit sie sich selbst strahlen sehen.
***

Setz dich und höre zu

Wir werden die Wände wie gewohnt neu gestalten.
Wir werden auf zwei Eiswürfeln sitzen
in der Pyramide der Einsamkeit und morgen.

Jetzt geben wir die Nacht in die Seiten,
wir betreten es, geschoben
wie Maulwürfe, die frischen Boden entdecken.

Du, jemals ...
Oder ich, die letzte Frau,
die schreit und hinter dir hergeht,
die im Schatten der Kathedrale stehen wird.
***

Schmetterlinge und Fiktion

Die Sonne geht off.
Ich versuche, eine andere Gedankennorm zu befruchten,
beginnend mit dem Mann,
der lautstark an der Dunkelheit in mir nagt.
Das Zwergtier meiner Fiktion,
indem ich heule, mögen die Mauern fallen.

In Wirklichkeit trage ich es langsam,
um seine Eitelkeit nicht zu zerstören.
Ich lege Schmetterlinge hinein
und ziehe ihn durch alle Labyrinthe.
***

Schlafloser Schlaf

Du willst seine Knochen,
pastellfarben vor Unschuld,
am Hals jeder Eitelkeit,
heftig gekreuzt.

Räuberische Augen,
Jahreszeiten ohne Hemmungen
bei Berührung knisternd.

Aber der Mann, der die andere Welt satthat,
in einem anderen Leben
kommt zu dir
nur zum Schlafen.
***

Harte Luft

In der Wut der Nacht
ein Umhang brach die Brust des Engels,
als die Frau es satthatte zu lächeln
wie für die Ewigkeit
an die gleiche Wand,
wo in Carbon das Gesicht des Mannes,
mit dem unendlich rätselhaften Herzen,
wenn Gott,
wenn die Blinden, sicher vor der Sohle des Gottes,
hing.

Dann ging sie Lehren zu sammeln, aus dem
prometheischen Saft,
von einer Magnolie,
die fern der Heimat blühte.
***

Taufwasser

Nur das Wasser und der Weizen, von dem wir beide reißen,
bindet uns noch.

Mit purpurfarbener Stille
und der Spinne im blühenden Blau
fliehe ich in eine andere Naivität.

Das Wasser der Taufe, verschwommen,
wenn ich es erreicht habe,
werfe ich es weg.
***

Einsamer Kopf

Ein einsamer schwarzer Baum
nimm allen Eros aus meinem schwülen und einsamen Kopf.

Ich komme nur, um dich zu decken,
einen hochmütigen Felsen unter deine Füße zu werfen
und an der Brust eine schleimige Schlange,
mit Leben und Tod darin vollgestopft.

Bis höre, wie mein Stern den Himmel berührt,
mit schmerzhaft jungem Körper.

***

Slum-Kaffee

Der Tag beginnt mit dem Geräusch von Schlacke,
mit der Zunge der Kirchenglocke,
über dem die blinde Wolke rollt.

Ich bin zu lyrisch und zu klar,
um den Spiegel des Selbst mit Dornen zu bedecken.

Weil ich dich gehen ließ,
in einen Schoß des Zufalls,
um dich wild zu machen
mit einem Slum-Kaffee,
in dem dein Schatten elender liegt als in einem Sarg.
***

Hochzeitstanz

Vergehen in Gelb,
nicht eingetroffene Sekunden, in der Uhr.

Verzeih mir! Aber ich konnte es nicht ertragen,
mehr als vier Herbste
das Delfin-Tattoo auf deiner linken Schulter.

Ich werde den Duft von Wermut aus eiligen Händen
schmecken.
Der Himmel, aus einem anderen Spiegel,
damit in deiner Erinnerung
der Hochzeitstanz zu schmelzen anfängt.
***

Die Steppen-Blume

Sogar die Steppen-Blume,
überschattet vom Kreischen wilder Pferde
zerreißt mein Zwielicht.

Mein Körper roch nicht nach Gin am Morgen.
Nein.
Habe nicht auf die Schlachtung unserer Neuronen im Sturm gewartet.
Ich fürchte, dass der Engel
erschöpft vom Laufen
wird sich zurückziehen.
Wird sich in Lehm verwandeln,
weiß ich nicht, wo,
und du, feierlich
wirst das andere Licht anmachen.
***

Das ist kein Gedicht

Das ist kein Gedicht.
Es ist ein durchsichtiger Sarg für den Mann,
den ich vor Wut enthauptete,
während er mich vor Eros erschütterte
durch alle Atome.

Seine Augen, verzaubert, drückte ich mit meinen Fersen.
Dann griff ich nach seinem Herzen.
Habe es grob gemacht,
um es ohne Reue in die Nachbarkirche schleppen zu
können.

Und bis ich die ganze Nacht breche, von den Hörnern,
bleibe, im roten Mantel,
um die verbliebenen Schlangen in mir abzuschütteln,
um sie über ihn auszugießen.

***

Das Steinhaus

Es ist der Tag so versteckt in einer Glocke, die schlägt
die Schritte ohne Wiederkehr auf der Linie des Lebens,
dass mein Körper sich zu eng anfühlt
für Vergebung.

Das Steinhaus wird bald an der Ostwurzel zerbrechen.
Meine Träume, die den Geiern im Weg stehen,
schreien.

Wer soll den Sturz des verfluchten Rings
in Vergessenheit ertragen?
Und das Zittern der Rose
in der ausgestreckten Hand?
***

Das kann man nicht wissen

Meine Seele ist in einem weißen Hemd gebeugt.
Du hast keine Möglichkeit, es zu wissen ...

Ungeeignete Knochen für harte Finger
bleiben, vor dem Kamin.
Gläser mit Gin über gekreuzigten Birken,
um uns zu wärmen.
***

Der blasse Stern

Rücken tut weh
beim Erwerb von Chamäleonlächeln.
Die Seele ist gesättigt von toten Zeiten.

So erkenne ich mich selbst.
Tragend den faden Stern wie unvergorenen Lehm,
aus dem man nichts vermehren kann
im Aufstieg.

Zuvor, vielleicht du,
zwischen den Rippen unterwürfiger Frauen,
Gras gesät hast, dein Werkzeug und deine Spuren
abgeholt,
verschwindend.

Aber heute,
wenn wir unsere Fluchten zusammen sammeln würden,
könnten wir uns nicht mehr so einfach
selbst definieren oder lieben.
***

Das Verhalten der Hausschlange

Gedankenketten
beginnen zu korrodieren
auf einer unmerklichen Harfe,
unter den Glashebeln
des endlosen Regens.

Wie kann ich das Verhalten der Hausschlange
perfekt einordnen,
wenn sie vorgibt, mich zu komponieren,
genau für einen Frühling im Eldorado?
***

Der Verrat und Felix

Ich bin der Flüchtling, der Forelle isst.
Jammernd beim Mann mit Onyx um den Hals
der über die Dialekte des Lichts sich erstreckt.

Das Rollen bleibt individuelles Risiko außerhalb des Kreises.

Gescholtenes Glas Wein von der Costa Brava,
welche Rolle spielst du in Felix Leber?
***

50+ modern

Du akzeptierst Blässe kaum als weiteren Glanz …
Manche Frauen lernen schnell,
ihre Gedanken ausreichend anzupassen.
Und dann bleibt genügend Zeit,
um das Ritual der vollständigen Entgiftung zu praktizieren.

Ohne den Drachen der Kindheit von der Brust zu nehmen,
diese bekleiden den Körper hastig mit einem zärtlichen Mann,
der sie bis zur Hochzeit des Todes zersetzen kann.

Dann verstecken sie ihn, hinter dem Sterilen,
lächelnd im Spiegel.
***

Drachenrippen in Mercedes

Ich stehe vor Dir, Herr, um Fragen zu stellen.
Hast Du eine Ahnung?
Warum quetscht mich der Zephyr auf der rechten Seite?
Ich sehe mich mit einer umgestürzten Aorta auf einer
Trage,
vor so vielen nackten Heiligen.

Verlängert besser die Augen von Männern, die im
Schatten wandeln,
um Irenes Sonate § Rock einzupassen
§ meiner drei viertel, langen Jeans.

Wenn Du unsere Drachenrippen gestochen hättest
in einem Mercedes,
um es so zu drehen, wie es uns gefällt,
nachdem wir das Eis mit Ergänzung aufgegessen haben,
von Giovanni,
vielleicht würde Irene nicht mehr nach Hamburg gehen.
***

Zusammensetzung in Koffein für Moga

Für brutale Gehirne
mein Akt kann wirklich zahm sein.

Helene, ich glaube, sie ist eine Malerin
mit den blauen Dächern.
Aber ihr Gemälde aus meiner Galerie,
mit dem Schweden im blauen Kapuzenpullover
wird in anderen Jahrtausenden verkauft.

Sicherlich jagt Stiller nach Widerstandswinkeln
in denen er sein gewalttätiges Blut verschlüsselt
für die intergalaktische Expo.

Ich würde mit ihm in die Turnhalle gehen
während Argelano,
Flügel mit Flugchancen
aus dem surrealistischen Magazin der Wertachbrücke
für den parkinsonischen Engel aus Equinox
ziehen kann.

Ist die Achillesferse sauber oder nicht?
Über dem Tanz der Schwerter
Moga schüttet Adrenalin aus.

***

Jazz in Blau

In Erinnerung an einen lieben Freund, den Maler Siegfried Stiller

Jazz in Blau
spielt die Kerze.
Hinter der Rothaarigen
wartet der Maler darauf,
der Staffelei ein tödliches Lächeln zuzuwerfen.

Trennend zuerst die Welt
von Gott.
***

Serie mit Villa und Stachelbeerensträuchern

Ich bekam von Starsky per Messenger
die Hauptrolle in der Serie mit Villa und
Stachelbeerensträuchern.

Weil er Angst vor dem Knirschen der Schnecken hatte,
probierte ich das jungfräuliche Korsett erneut an.

Eines Tages kaufte er Platz für Herzen
an der Graffitiwand
und eine Waffe, um das fehlende Auge zu schützen;
… froh, dass er,
im Krieg in Afghanistan,
unter der französischen Legion,
seine Füße nicht vorzeitig verloren hat.
… seitdem bin ich ein Flüchtling.
***

Die Meerenge mit Möwen im Kreuz

Niemand sah, wie sein klappriges Schiff vorbeizog
über die Meerenge mit Möwen im Kreuz.
Ein Milchzahn, eingehüllt in Angst und Wind, diente als
Talisman am Körper.

Hatte nur ein kurzes Haus auf einem Sandstrand
und eine ruinierte Frau
unter der letzten Umarmung zurückgelassen.

Es ist ein Privileg, sein wildes Blut tanzen zu sehen
im nächtlichen Monolog.
Aber er kennt nicht die Wut, mit der ich innig meine
Hände schüttle, in mir.
Aus Angst vor der Vorherbestimmung
die mir nicht vorhersagte,
dass ich Sonne empfangen würde
aus dem Brustbein eines afrikanischen Flüchtlings.
***

Das Urteil von Ferman

Du bist die Nonne, die zwischen den Wänden
eigene Schatten in ihren Händen hält
auf der Suche nach einem Blitz
aus den Episteln der Bibel.

Dein Blut kann nicht brennen.
Es wird von den inneren Geiern gesogen,
aber du weißt es noch nicht.

Wie leer bist du im schwarzen Umhang!
Für den Geist eines Kurden,
leuchtet intensiver
arabischer Tabak.

***

Schmetterlinge fliegen über Pferde

Das Pferd hat den Pokal verdient!
Während du die Eingeweide aus dem Leib reißt,
und von deinem Sessel aus, du schreist Nummer zwei!
Zwei!,
schweifen meine Gedanken ganz nah an Lissabon vorbei
zu demjenigen, der verliebte Frauen mit Feldblumen
verführt
und die Schatten der Hecke vermischt.

Vielleicht ist er gerade damit fertig, auszuwählen,
den Sattel, die kräftigen Bögen und die barocke Weste,
die seine Brustmuskeln umschließt,
(Wenn-du-willst-komm-nimm-die-Brustmuskeln!)
jetzt schüttelt er die Peitsche,
schneidet die Luft ab ...

Schmetterlinge fliegen über Pferde
und von der einen und der anderen Seite.

Wir beide könnten uns jetzt einen Schluck Rum gönnen,
damit mehr Schwung haben,
wenn wir mit dem Kopf gegen die Wände stoßen.
***
*

Über das Buch

„Brutal Weiß“ bedeutet die Begegnung mit einer Frau aus Osteuropa, in ständiger existenzieller Neudefinition. Durch Heirat nach Deutschland gekommen, betrachtet sie vorsichtig alles um sich herum, ohne dabei ihre Gefühle aus den Augen zu verlieren.

Das ewige Thema, aktuell und keineswegs mystisch: Liebe. Ein Phänomen, das hemmt, aber zu Meditationen anregt. Eine Reiseroute enttäuschter Liebe, in einer Formel, die selbstreferenzielle, frustrierende und verstörende Beschwörungen vereint. An manchen Stellen wird Musikalität zu einer harmonischen Ergänzung weiblicher Emotion und Sinnlichkeit. Das Streben nach dem ewigen Ideal der Liebe und durch die Liebe bleibt dominierend.

Irritationen, Dilemmata, in unberechenbaren, verfügbaren Worten, die atmen, sich sammeln und in die Poesie stürzen. Ein emotionales, direktes und kommunikatives Gedicht, geschrieben mit Schüchternheit, aber auch mit maßvollem Mut. Die Rolle eines Detektivs, der das Verb in seiner Nacktheit erwischt, liegt beim Leser. Der teilweise philosophische Ton der Texte öffnet den Weg zur Wiederentdeckung der Innerlichkeit der untergegangenen Erinnerung, aber auch zur Reflexion angesichts der Nichtexistenz. Elemente und Farben aus der Natur, die den Geist wachhalten, tauchen in mehreren Gedichten obsessiv auf.

Der Wandel der Gesellschaft und die Globalisierung haben Spuren in ihren Schriften hinterlassen. Die Autorin fängt die lebendige Realität der umgebenden Welt mit allen bestehenden Geheimnissen ein. Sie hört, sieht, fühlt, wenn auch nur vorübergehend, woanders den Keim der Liebe, die sie sucht. Betroffen von der Frustration darüber, dass die ideale Liebe nicht erreicht werden kann, gerät das innere Gleichgewicht ins Wanken. In Versen von neuem, sogar originellem Ton geht ein Schrei der Liebe zum Nil, nach Afrika, nach Tel Aviv, nach Osten ... Und vielleicht ist dieser Schrei nicht nur ihr. Denkt sie poetisch mit den verlorenen Gedanken anderer?

Der Gedichtband ist in drei Kapitel unterteilt, deren Inhalt sich jeweils im filmischen Stil entfaltet.

Joana Geier
joana.geier@yahoo.de